De huevo a mosca

Grace Hansen

ANIMALES QUE CAMBIAN

Abdo Kids Jumbo es una subdivisión de Abdo Kids
abdobooks.com

abdobooks.com

Published by Abdo Kids, a division of ABDO, P.O. Box 398166, Minneapolis, Minnesota 55439.
Copyright © 2019 by Abdo Consulting Group, Inc. International copyrights reserved in all countries.
No part of this book may be reproduced in any form without written permission from the publisher.
Abdo Kids Jumbo™ is a trademark and logo of Abdo Kids.

102018

012019

THIS BOOK CONTAINS
RECYCLED MATERIALS

Spanish Translator: Maria Puchol

Photo Credits: Alamy, Animals Animals, iStock, Minden Pictures, Shutterstock

Production Contributors: Teddy Borth, Jennie Forsberg, Grace Hansen

Design Contributors: Dorothy Toth, Laura Mitchell

Library of Congress Control Number: 2018953944

Publisher's Cataloging-in-Publication Data

Names: Hansen, Grace, author.

Title: De huevo a mosca / by Grace Hansen.

Other title: Becoming a fly

Description: Minneapolis, Minnesota : Abdo Kids, 2019 | Series: Animales que
    cambian | Includes online resources and index.

Identifiers: ISBN 9781532183966 (lib. bdg.) | ISBN 9781532185045 (ebook)

Subjects: LCSH: Flies--Juvenile literature. | Animal life cycles--Juvenile
    literature. | Insects--Metamorphosis--Juvenile literature. | Animal Behavior--
    Juvenile literature. | Spanish language materials--Juvenile literature.

Classification: DDC 571.876--dc23

Contenido

Primera etapa

Todas las moscas comienzan
siendo huevos. Los huevos
de mosca parecen pequeños
granos de arroz.

4

La hembra de mosca deposita de 75 a 150 huevos en una **puesta**. Llegará a poner hasta 6 puestas a lo largo de toda su vida.

Las hembras ponen sus huevos en lugares oscuros y húmedos. Entre otros sitios, los ponen en comida podrida, plantas y **estiércol**.

9

Segunda etapa

Sólo tardan un día en eclosionar.
Aunque no parecen en absoluto
moscas. ¡Son larvas!

11

A las **larvas** de mosca también se les llama cresas. Las cresas no tienen patas ni alas. No pueden ir muy lejos.

13

¡Con un poco de suerte la hembra pondrá los huevos sobre algo rico de comer para las cresas! Las cresas comen, crecen y **mudan la piel**.

15

Tercera etapa

En la última **muda**, la piel
de la cresa se convierte en
una cáscara dura, color café.
Esto la protege hasta que se
convierte en una mosca adulta.

17

Cuarta etapa

Todos estos cambios importantes tienen lugar en seis días. Cuando la mosca está lista, **emerge** de la cáscara.

19

Las hembras pondrán huevos
dos días después y ¡el ciclo
comenzará de nuevo!

Más datos

- La mosca común normalmente vive de 15 a 30 días.

- Las hembras ni cuidan ni protegen los huevos.

- Si hay acceso fácil a comida, las cresas pueden doblar su tamaño a los dos días de salir del huevo.

Glosario

emerger – salir de un sitio.

estiércol – excrementos de animal.

larva – estado prematuro de un animal que cuando nace no se parece a su especie, para convertirse en adulto tiene que crecer y cambiar.

mudar la piel – cambiar la piel por otra nueva.

puesta – cantidad de huevos que se ponen de una vez.

23

Índice

Abdo Kids
ONLINE
FREE! ONLINE MULTIMEDIA RESOURCES

¡Visita nuestra página **abdokids.com** y usa este código para tener acceso a juegos, manualidades, videos y mucho más!

Código Abdo Kids:
CBK8167